全国人民代表大会常务委员会公报版

中华人民共和国
妇女权益保障法

(最新修订本)

中国民主法制出版社

图书在版编目（CIP）数据

中华人民共和国妇女权益保障法：最新修订本/全国人大常委会办公厅供稿.—北京：中国民主法制出版社，2022.11
ISBN 978-7-5162-2973-6

Ⅰ.①中… Ⅱ.①全… Ⅲ.①妇女权益保障法—中国 Ⅳ.①D922.7

中国版本图书馆 CIP 数据核字（2022）第 196371 号

书名/中华人民共和国妇女权益保障法

出版·发行/中国民主法制出版社
地址/北京市丰台区右安门外玉林里 7 号（100069）
电话/（010）63055259（总编室）　63058068　63057714（营销中心）
传真/（010）63055259
http://www.npcpub.com
E-mail：mzfz@npcpub.com
经销/新华书店
开本/32 开　850 毫米×1168 毫米
印张/1.5　字数/25 千字
版本/2022 年 11 月第 1 版　2022 年 11 月第 1 次印刷
印刷/三河市宏图印务有限公司

书号/ISBN 978-7-5162-2973-6
定价/8.00 元
出版声明/版权所有，侵权必究。

（如有缺页或倒装，本社负责退换）

目 录

中华人民共和国主席令（第一二二号）………… （1）

中华人民共和国妇女权益保障法 ……………… （3）

关于《中华人民共和国妇女权益保障法
（修订草案）》的说明……………………… （25）

全国人民代表大会宪法和法律委员会关于
《中华人民共和国妇女权益保障法
（修订草案）》修改情况的汇报…………… （32）

全国人民代表大会宪法和法律委员会关于
《中华人民共和国妇女权益保障法
（修订草案）》审议结果的报告…………… （36）

全国人民代表大会宪法和法律委员会关于
《中华人民共和国妇女权益保障法
（修订草案三次审议稿）》修改意见的报告…… （40）

中华人民共和国主席令

第一二二号

《中华人民共和国妇女权益保障法》已由中华人民共和国第十三届全国人民代表大会常务委员会第三十七次会议于2022年10月30日修订通过,现予公布,自2023年1月1日起施行。

中华人民共和国主席　习近平

2022年10月30日

中华人民共和国妇女权益保障法

（1992年4月3日第七届全国人民代表大会第五次会议通过　根据2005年8月28日第十届全国人民代表大会常务委员会第十七次会议《关于修改〈中华人民共和国妇女权益保障法〉的决定》第一次修正　根据2018年10月26日第十三届全国人民代表大会常务委员会第六次会议《关于修改〈中华人民共和国野生动物保护法〉等十五部法律的决定》第二次修正　2022年10月30日第十三届全国人民代表大会常务委员会第三十七次会议修订）

目　录

第一章　总　　则
第二章　政治权利

第三章　人身和人格权益

第四章　文化教育权益

第五章　劳动和社会保障权益

第六章　财产权益

第七章　婚姻家庭权益

第八章　救济措施

第九章　法律责任

第十章　附　　则

第一章　总　　则

第一条　为了保障妇女的合法权益，促进男女平等和妇女全面发展，充分发挥妇女在全面建设社会主义现代化国家中的作用，弘扬社会主义核心价值观，根据宪法，制定本法。

第二条　男女平等是国家的基本国策。妇女在政治的、经济的、文化的、社会的和家庭的生活等各方面享有同男子平等的权利。

国家采取必要措施，促进男女平等，消除对妇女一切形式的歧视，禁止排斥、限制妇女依法享有和行使各项权益。

国家保护妇女依法享有的特殊权益。

第三条　坚持中国共产党对妇女权益保障工作的领导，建立政府主导、各方协同、社会参与的保障妇女权益工作机制。

各级人民政府应当重视和加强妇女权益的保障工作。

县级以上人民政府负责妇女儿童工作的机构，负责组织、协调、指导、督促有关部门做好妇女权益的保障工作。

县级以上人民政府有关部门在各自的职责范围内做好妇女权益的保障工作。

第四条 保障妇女的合法权益是全社会的共同责任。国家机关、社会团体、企业事业单位、基层群众性自治组织以及其他组织和个人，应当依法保障妇女的权益。

国家采取有效措施，为妇女依法行使权利提供必要的条件。

第五条 国务院制定和组织实施中国妇女发展纲要，将其纳入国民经济和社会发展规划，保障和促进妇女在各领域的全面发展。

县级以上地方各级人民政府根据中国妇女发展纲要，制定和组织实施本行政区域的妇女发展规划，将其纳入国民经济和社会发展规划。

县级以上人民政府应当将妇女权益保障所需经费列入本级预算。

第六条 中华全国妇女联合会和地方各级妇女联合会依照法律和中华全国妇女联合会章程，代表和维护各族各界妇女的利益，做好维护妇女权益、促进男女平等和妇女全面发展的工作。

工会、共产主义青年团、残疾人联合会等群团组织应当在各自的工作范围内，做好维护妇女权益的工作。

第七条 国家鼓励妇女自尊、自信、自立、自强，运用法律维护自身合法权益。

妇女应当遵守国家法律，尊重社会公德、职业道德和家庭美德，履行法律所规定的义务。

第八条 有关机关制定或者修改涉及妇女权益的法律、法规、规章和其他规范性文件，应当听取妇女联合会的意见，充分考虑妇女的特殊权益，必要时开展男女平等评估。

第九条 国家建立健全妇女发展状况统计调查制度，完善性别统计监测指标体系，定期开展妇女发展状况和权益保障统计调查和分析，发布有关信息。

第十条 国家将男女平等基本国策纳入国民教育体系，开展宣传教育，增强全社会的男女平等意识，培育尊重和关爱妇女的社会风尚。

第十一条 国家对保障妇女合法权益成绩显著的组织和个人，按照有关规定给予表彰和奖励。

第二章　政治权利

第十二条 国家保障妇女享有与男子平等的政治权利。

第十三条 妇女有权通过各种途径和形式，依法参与管理国家事务、管理经济和文化事业、管理社会事务。

妇女和妇女组织有权向各级国家机关提出妇女权益保障方面的意见和建议。

第十四条 妇女享有与男子平等的选举权和被选举权。

全国人民代表大会和地方各级人民代表大会的代表中，应当保证有适当数量的妇女代表。国家采取措施，逐步提高全国人民代表大会和地方各级人民代表大会的妇女代表的比例。

居民委员会、村民委员会成员中，应当保证有适当数量的妇女成员。

第十五条 国家积极培养和选拔女干部，重视培养和选拔少数民族女干部。

国家机关、群团组织、企业事业单位培养、选拔和任用干部，应当坚持男女平等的原则，并有适当数量的妇女担任领导成员。

妇女联合会及其团体会员，可以向国家机关、群团组织、企业事业单位推荐女干部。

国家采取措施支持女性人才成长。

第十六条 妇女联合会代表妇女积极参与国家和社会事务的民主协商、民主决策、民主管理和民主监督。

第十七条　对于有关妇女权益保障工作的批评或者合理可行的建议，有关部门应当听取和采纳；对于有关侵害妇女权益的申诉、控告和检举，有关部门应当查清事实，负责处理，任何组织和个人不得压制或者打击报复。

第三章　人身和人格权益

第十八条　国家保障妇女享有与男子平等的人身和人格权益。

第十九条　妇女的人身自由不受侵犯。禁止非法拘禁和以其他非法手段剥夺或者限制妇女的人身自由；禁止非法搜查妇女的身体。

第二十条　妇女的人格尊严不受侵犯。禁止用侮辱、诽谤等方式损害妇女的人格尊严。

第二十一条　妇女的生命权、身体权、健康权不受侵犯。禁止虐待、遗弃、残害、买卖以及其他侵害女性生命健康权益的行为。

禁止进行非医学需要的胎儿性别鉴定和选择性别的人工终止妊娠。

医疗机构施行生育手术、特殊检查或者特殊治疗时，应当征得妇女本人同意；在妇女与其家属或者关系人意见不一致时，应当尊重妇女本人意愿。

第二十二条　禁止拐卖、绑架妇女；禁止收买被拐卖、绑架的妇女；禁止阻碍解救被拐卖、绑架的妇女。

各级人民政府和公安、民政、人力资源和社会保障、卫生健康等部门及村民委员会、居民委员会按照各自的职责及时发现报告，并采取措施解救被拐卖、绑架的妇女，做好被解救妇女的安置、救助和关爱等工作。妇女联合会协助和配合做好有关工作。任何组织和个人不得歧视被拐卖、绑架的妇女。

第二十三条 禁止违背妇女意愿，以言语、文字、图像、肢体行为等方式对其实施性骚扰。

受害妇女可以向有关单位和国家机关投诉。接到投诉的有关单位和国家机关应当及时处理，并书面告知处理结果。

受害妇女可以向公安机关报案，也可以向人民法院提起民事诉讼，依法请求行为人承担民事责任。

第二十四条 学校应当根据女学生的年龄阶段，进行生理卫生、心理健康和自我保护教育，在教育、管理、设施等方面采取措施，提高其防范性侵害、性骚扰的自我保护意识和能力，保障女学生的人身安全和身心健康发展。

学校应当建立有效预防和科学处置性侵害、性骚扰的工作制度。对性侵害、性骚扰女学生的违法犯罪行为，学校不得隐瞒，应当及时通知受害未成年女学生的父母或者其他监护人，向公安机关、教育行政部门报告，并配合相关部门依法处理。

对遭受性侵害、性骚扰的女学生，学校、公安机关、教育行政部门等相关单位和人员应当保护其隐私和个人信息，并提供必要的保护措施。

第二十五条　用人单位应当采取下列措施预防和制止对妇女的性骚扰：

（一）制定禁止性骚扰的规章制度；

（二）明确负责机构或者人员；

（三）开展预防和制止性骚扰的教育培训活动；

（四）采取必要的安全保卫措施；

（五）设置投诉电话、信箱等，畅通投诉渠道；

（六）建立和完善调查处置程序，及时处置纠纷并保护当事人隐私和个人信息；

（七）支持、协助受害妇女依法维权，必要时为受害妇女提供心理疏导；

（八）其他合理的预防和制止性骚扰措施。

第二十六条　住宿经营者应当及时准确登记住宿人员信息，健全住宿服务规章制度，加强安全保障措施；发现可能侵害妇女权益的违法犯罪行为，应当及时向公安机关报告。

第二十七条　禁止卖淫、嫖娼；禁止组织、强迫、引诱、容留、介绍妇女卖淫或者对妇女进行猥亵活动；禁止组织、强迫、引诱、容留、介绍妇女在任何场所或者利用网络进行淫秽表演活动。

第二十八条　妇女的姓名权、肖像权、名誉权、荣誉权、隐私权和个人信息等人格权益受法律保护。

媒体报道涉及妇女事件应当客观、适度，不得通过夸大事实、过度渲染等方式侵害妇女的人格权益。

禁止通过大众传播媒介或者其他方式贬低损害妇女人格。未经本人同意，不得通过广告、商标、展览橱窗、报纸、期刊、图书、音像制品、电子出版物、网络等形式使用妇女肖像，但法律另有规定的除外。

第二十九条　禁止以恋爱、交友为由或者在终止恋爱关系、离婚之后，纠缠、骚扰妇女，泄露、传播妇女隐私和个人信息。

妇女遭受上述侵害或者面临上述侵害现实危险的，可以向人民法院申请人身安全保护令。

第三十条　国家建立健全妇女健康服务体系，保障妇女享有基本医疗卫生服务，开展妇女常见病、多发病的预防、筛查和诊疗，提高妇女健康水平。

国家采取必要措施，开展经期、孕期、产期、哺乳期和更年期的健康知识普及、卫生保健和疾病防治，保障妇女特殊生理时期的健康需求，为有需要的妇女提供心理健康服务支持。

第三十一条　县级以上地方人民政府应当设立妇幼保健机构，为妇女提供保健以及常见病防治服务。

国家鼓励和支持社会力量通过依法捐赠、资助或者提供志愿服务等方式，参与妇女卫生健康事业，提供安全的生理健康用品或者服务，满足妇女多样化、差异化的健康需求。

用人单位应当定期为女职工安排妇科疾病、乳腺疾病检查以及妇女特殊需要的其他健康检查。

第三十二条 妇女依法享有生育子女的权利，也有不生育子女的自由。

第三十三条 国家实行婚前、孕前、孕产期和产后保健制度，逐步建立妇女全生育周期系统保健制度。医疗保健机构应当提供安全、有效的医疗保健服务，保障妇女生育安全和健康。

有关部门应当提供安全、有效的避孕药具和技术，保障妇女的健康和安全。

第三十四条 各级人民政府在规划、建设基础设施时，应当考虑妇女的特殊需求，配备满足妇女需要的公共厕所和母婴室等公共设施。

第四章 文化教育权益

第三十五条 国家保障妇女享有与男子平等的文化教育权利。

第三十六条 父母或者其他监护人应当履行保障适龄女性未成年人接受并完成义务教育的义务。

对无正当理由不送适龄女性未成年人入学的父母或者其他监护人，由当地乡镇人民政府或者县级人民政府教育行政部门给予批评教育，依法责令其限期改正。居民委员会、村民委员会应当协助政府做好相关工作。

政府、学校应当采取有效措施,解决适龄女性未成年人就学存在的实际困难,并创造条件,保证适龄女性未成年人完成义务教育。

第三十七条 学校和有关部门应当执行国家有关规定,保障妇女在入学、升学、授予学位、派出留学、就业指导和服务等方面享有与男子平等的权利。

学校在录取学生时,除国家规定的特殊专业外,不得以性别为由拒绝录取女性或者提高对女性的录取标准。

各级人民政府应当采取措施,保障女性平等享有接受中高等教育的权利和机会。

第三十八条 各级人民政府应当依照规定把扫除妇女中的文盲、半文盲工作,纳入扫盲和扫盲后继续教育规划,采取符合妇女特点的组织形式和工作方法,组织、监督有关部门具体实施。

第三十九条 国家健全全民终身学习体系,为妇女终身学习创造条件。

各级人民政府和有关部门应当采取措施,根据城镇和农村妇女的需要,组织妇女接受职业教育和实用技术培训。

第四十条 国家机关、社会团体和企业事业单位应当执行国家有关规定,保障妇女从事科学、技术、文学、艺术和其他文化活动,享有与男子平等的权利。

第五章　劳动和社会保障权益

第四十一条　国家保障妇女享有与男子平等的劳动权利和社会保障权利。

第四十二条　各级人民政府和有关部门应当完善就业保障政策措施，防止和纠正就业性别歧视，为妇女创造公平的就业创业环境，为就业困难的妇女提供必要的扶持和援助。

第四十三条　用人单位在招录（聘）过程中，除国家另有规定外，不得实施下列行为：

（一）限定为男性或者规定男性优先；

（二）除个人基本信息外，进一步询问或者调查女性求职者的婚育情况；

（三）将妊娠测试作为入职体检项目；

（四）将限制结婚、生育或者婚姻、生育状况作为录（聘）用条件；

（五）其他以性别为由拒绝录（聘）用妇女或者差别化地提高对妇女录（聘）用标准的行为。

第四十四条　用人单位在录（聘）用女职工时，应当依法与其签订劳动（聘用）合同或者服务协议，劳动（聘用）合同或者服务协议中应当具备女职工特殊保护条款，并不得规定限制女职工结婚、生育等内容。

职工一方与用人单位订立的集体合同中应当包含男女平等和女职工权益保护相关内容,也可以就相关内容制定专章、附件或者单独订立女职工权益保护专项集体合同。

第四十五条 实行男女同工同酬。妇女在享受福利待遇方面享有与男子平等的权利。

第四十六条 在晋职、晋级、评聘专业技术职称和职务、培训等方面,应当坚持男女平等的原则,不得歧视妇女。

第四十七条 用人单位应当根据妇女的特点,依法保护妇女在工作和劳动时的安全、健康以及休息的权利。

妇女在经期、孕期、产期、哺乳期受特殊保护。

第四十八条 用人单位不得因结婚、怀孕、产假、哺乳等情形,降低女职工的工资和福利待遇,限制女职工晋职、晋级、评聘专业技术职称和职务,辞退女职工,单方解除劳动(聘用)合同或者服务协议。

女职工在怀孕以及依法享受产假期间,劳动(聘用)合同或者服务协议期满的,劳动(聘用)合同或者服务协议期限自动延续至产假结束。但是,用人单位依法解除、终止劳动(聘用)合同、服务协议,或者女职工依法要求解除、终止劳动(聘用)合同、服务协议的除外。

用人单位在执行国家退休制度时,不得以性别为由歧视妇女。

第四十九条 人力资源和社会保障部门应当将招聘、录取、晋职、晋级、评聘专业技术职称和职务、培训、辞退等过程中的性别歧视行为纳入劳动保障监察范围。

第五十条 国家发展社会保障事业，保障妇女享有社会保险、社会救助和社会福利等权益。

国家提倡和鼓励为帮助妇女而开展的社会公益活动。

第五十一条 国家实行生育保险制度，建立健全婴幼儿托育服务等与生育相关的其他保障制度。

国家建立健全职工生育休假制度，保障孕产期女职工依法享有休息休假权益。

地方各级人民政府和有关部门应当按照国家有关规定，为符合条件的困难妇女提供必要的生育救助。

第五十二条 各级人民政府和有关部门应当采取必要措施，加强贫困妇女、老龄妇女、残疾妇女等困难妇女的权益保障，按照有关规定为其提供生活帮扶、就业创业支持等关爱服务。

第六章　财产权益

第五十三条 国家保障妇女享有与男子平等的财产权利。

第五十四条 在夫妻共同财产、家庭共有财产关系中，不得侵害妇女依法享有的权益。

第五十五条 妇女在农村集体经济组织成员身份确认、土地承包经营、集体经济组织收益分配、土地征收补偿安置或者征用补偿以及宅基地使用等方面，享有与男子平等的权利。

申请农村土地承包经营权、宅基地使用权等不动产登记，应当在不动产登记簿和权属证书上将享有权利的妇女等家庭成员全部列明。征收补偿安置或者征用补偿协议应当将享有相关权益的妇女列入，并记载权益内容。

第五十六条 村民自治章程、村规民约，村民会议、村民代表会议的决定以及其他涉及村民利益事项的决定，不得以妇女未婚、结婚、离婚、丧偶、户无男性等为由，侵害妇女在农村集体经济组织中的各项权益。

因结婚男方到女方住所落户的，男方和子女享有与所在地农村集体经济组织成员平等的权益。

第五十七条 国家保护妇女在城镇集体所有财产关系中的权益。妇女依照法律、法规的规定享有相关权益。

第五十八条 妇女享有与男子平等的继承权。妇女依法行使继承权，不受歧视。

丧偶妇女有权依法处分继承的财产，任何组织和个人不得干涉。

第五十九条　丧偶儿媳对公婆尽了主要赡养义务的,作为第一顺序继承人,其继承权不受子女代位继承的影响。

第七章　婚姻家庭权益

第六十条　国家保障妇女享有与男子平等的婚姻家庭权利。

第六十一条　国家保护妇女的婚姻自主权。禁止干涉妇女的结婚、离婚自由。

第六十二条　国家鼓励男女双方在结婚登记前,共同进行医学检查或者相关健康体检。

第六十三条　婚姻登记机关应当提供婚姻家庭辅导服务,引导当事人建立平等、和睦、文明的婚姻家庭关系。

第六十四条　女方在怀孕期间、分娩后一年内或者终止妊娠后六个月内,男方不得提出离婚;但是,女方提出离婚或者人民法院认为确有必要受理男方离婚请求的除外。

第六十五条　禁止对妇女实施家庭暴力。

县级以上人民政府有关部门、司法机关、社会团体、企业事业单位、基层群众性自治组织以及其他组织,应当在各自的职责范围内预防和制止家庭暴力,依法为受害妇女提供救助。

第六十六条 妇女对夫妻共同财产享有与其配偶平等的占有、使用、收益和处分的权利,不受双方收入状况等情形的影响。

对夫妻共同所有的不动产以及可以联名登记的动产,女方有权要求在权属证书上记载其姓名;认为记载的权利人、标的物、权利比例等事项有错误的,有权依法申请更正登记或者异议登记,有关机构应当按照其申请依法办理相应登记手续。

第六十七条 离婚诉讼期间,夫妻一方申请查询登记在对方名下财产状况且确因客观原因不能自行收集的,人民法院应当进行调查取证,有关部门和单位应当予以协助。

离婚诉讼期间,夫妻双方均有向人民法院申报全部夫妻共同财产的义务。一方隐藏、转移、变卖、损毁、挥霍夫妻共同财产,或者伪造夫妻共同债务企图侵占另一方财产的,在离婚分割夫妻共同财产时,对该方可以少分或者不分财产。

第六十八条 夫妻双方应当共同负担家庭义务,共同照顾家庭生活。

女方因抚育子女、照料老人、协助男方工作等负担较多义务的,有权在离婚时要求男方予以补偿。补偿办法由双方协议确定;协议不成的,可以向人民法院提起诉讼。

第六十九条 离婚时,分割夫妻共有的房屋或者处理夫妻共同租住的房屋，由双方协议解决；协议不成的，可以向人民法院提起诉讼。

第七十条　父母双方对未成年子女享有平等的监护权。

父亲死亡、无监护能力或者有其他情形不能担任未成年子女的监护人的，母亲的监护权任何组织和个人不得干涉。

第七十一条　女方丧失生育能力的，在离婚处理子女抚养问题时，应当在最有利于未成年子女的条件下，优先考虑女方的抚养要求。

第八章　救济措施

第七十二条　对侵害妇女合法权益的行为，任何组织和个人都有权予以劝阻、制止或者向有关部门提出控告或者检举。有关部门接到控告或者检举后，应当依法及时处理，并为控告人、检举人保密。

妇女的合法权益受到侵害的，有权要求有关部门依法处理，或者依法申请调解、仲裁，或者向人民法院起诉。

对符合条件的妇女，当地法律援助机构或者司法机关应当给予帮助，依法为其提供法律援助或者司法救助。

第七十三条　妇女的合法权益受到侵害的，可以向妇女联合会等妇女组织求助。妇女联合会等妇女组织应当维护被侵害妇女的合法权益，有权要求并协助有关部门或者单位查处。有关部门或者单位应当依法查处，并予以答复；不予处理或者处理不当的，县级以上人民政府负责妇女儿童工作的机构、妇女联合会可以向其提出督促处理意见，必要时可以提请同级人民政府开展督查。

受害妇女进行诉讼需要帮助的，妇女联合会应当给予支持和帮助。

第七十四条 用人单位侵害妇女劳动和社会保障权益的，人力资源和社会保障部门可以联合工会、妇女联合会约谈用人单位，依法进行监督并要求其限期纠正。

第七十五条 妇女在农村集体经济组织成员身份确认等方面权益受到侵害的，可以申请乡镇人民政府等进行协调，或者向人民法院起诉。

乡镇人民政府应当对村民自治章程、村规民约，村民会议、村民代表会议的决定以及其他涉及村民利益事项的决定进行指导，对其中违反法律、法规和国家政策规定，侵害妇女合法权益的内容责令改正；受侵害妇女向农村土地承包仲裁机构申请仲裁或者向人民法院起诉的，农村土地承包仲裁机构或者人民法院应当依法受理。

第七十六条 县级以上人民政府应当开通全国统一的妇女权益保护服务热线，及时受理、移送有关侵害妇女合法权益的投诉、举报；有关部门或者单位接到投诉、举报后，应当及时予以处置。

鼓励和支持群团组织、企业事业单位、社会组织和个人参与建设妇女权益保护服务热线，提供妇女权益保护方面的咨询、帮助。

第七十七条　侵害妇女合法权益，导致社会公共利益受损的，检察机关可以发出检察建议；有下列情形之一的，检察机关可以依法提起公益诉讼：

（一）确认农村妇女集体经济组织成员身份时侵害妇女权益或者侵害妇女享有的农村土地承包和集体收益、土地征收征用补偿分配权益和宅基地使用权益；

（二）侵害妇女平等就业权益；

（三）相关单位未采取合理措施预防和制止性骚扰；

（四）通过大众传播媒介或者其他方式贬低损害妇女人格；

（五）其他严重侵害妇女权益的情形。

第七十八条　国家机关、社会团体、企业事业单位对侵害妇女权益的行为，可以支持受侵害的妇女向人民法院起诉。

第九章　法律责任

第七十九条　违反本法第二十二条第二款规定，未履行报告义务的,依法对直接负责的主管人员和其他直接责任人员给予处分。

第八十条 违反本法规定,对妇女实施性骚扰的,由公安机关给予批评教育或者出具告诫书,并由所在单位依法给予处分。

学校、用人单位违反本法规定,未采取必要措施预防和制止性骚扰,造成妇女权益受到侵害或者社会影响恶劣的,由上级机关或者主管部门责令改正;拒不改正或者情节严重的,依法对直接负责的主管人员和其他直接责任人员给予处分。

第八十一条 违反本法第二十六条规定,未履行报告等义务的,依法给予警告、责令停业整顿或者吊销营业执照、吊销相关许可证,并处一万元以上五万元以下罚款。

第八十二条 违反本法规定,通过大众传播媒介或者其他方式贬低损害妇女人格的,由公安、网信、文化旅游、广播电视、新闻出版或者其他有关部门依据各自的职权责令改正,并依法给予行政处罚。

第八十三条 用人单位违反本法第四十三条和第四十八条规定的,由人力资源和社会保障部门责令改正;拒不改正或者情节严重的,处一万元以上五万元以下罚款。

第八十四条 违反本法规定,对侵害妇女权益的申诉、控告、检举,推诿、拖延、压制不予查处,或者对提出申诉、控告、检举的人进行打击报复的，依法责令改正，并对直接负责的主管人员和其他直接责任人员给予处分。

国家机关及其工作人员未依法履行职责，对侵害妇女权益的行为未及时制止或者未给予受害妇女必要帮助，造成严重后果的，依法对直接负责的主管人员和其他直接责任人员给予处分。

违反本法规定，侵害妇女人身和人格权益、文化教育权益、劳动和社会保障权益、财产权益以及婚姻家庭权益的，依法责令改正，直接负责的主管人员和其他直接责任人员属于国家工作人员的，依法给予处分。

第八十五条 违反本法规定，侵害妇女的合法权益，其他法律、法规规定行政处罚的，从其规定；造成财产损失或者人身损害的，依法承担民事责任；构成犯罪的，依法追究刑事责任。

第十章 附 则

第八十六条 本法自2023年1月1日起施行。

关于《中华人民共和国妇女权益保障法(修订草案)》的说明

——2021年12月20日在第十三届全国人民代表大会常务委员会第三十二次会议上

全国人大社会建设委员会主任委员 何毅亭

委员长、各位副委员长、秘书长、各位委员：

我受全国人大社会建设委员会委托，作关于《中华人民共和国妇女权益保障法（修订草案)》的说明。

一、妇女权益保障法修改的必要性

妇女是人类文明的开创者、社会进步的推动者，妇女的地位体现了一个国家的文明与进步。党和国家高度重视、积极推进妇女工作，促进男女平等和妇女全面发展。党的十八大以来，以习近平同志为核心的党中央从党和国家事业发展全局出发，就维护妇女权益、促进妇女全面发展，提出新的更高要求，作出一系列重要部署。习近平总书记多次强调，"妇女权益是基本人权""要把保障妇女权益系统纳入法律法规，上升为国家意志，内化为社会行为规范"。习近平总书记的重要论述和党中央的决策部署，为做好妇女权益保障工作指明了方向。

现行的妇女权益保障法是1992年由七届全国人大五次会议通过的，此后经过了2005年的全面修订、2018年的个别调整。该法实施近30年来，有力促进了妇女在各方面权益保障水平的提高，推动了男女平等基本国策深入人心。同时不可否认，妇女权益保障领域存在的一些老问题尚未得到根本解决，如妇女被拐卖、性侵、家庭暴力、性骚扰，农村妇女、残疾妇女、单亲母亲等群体仍面临特殊困难等；随着经济社会发展又出现了一些新情况、新问题。如生育政策调整后生育与就业矛盾加剧，就业领域的性别歧视有所凸显；农村产权形式和分配方式发生变化后保护农村妇女财产权益面临新挑战；家庭稳定性持续下降，离婚率上升，婚姻家庭关系引发的矛盾纠纷日益复杂等等。面对这些情况，现行妇女权益保障法亟待进一步拓展和强化。近年来，全国人大代表多次就修改妇女权益保障法提出议案，仅十三届全国人大一次会议以来，就先后有350名全国人大代表提出11件关于修改妇女权益保障法的议案。社会各界也呼吁通过修法，进一步优化促进男女平等的基础性制度设计，完善保障内容，提升保障水平，为妇女全面发展营造环境、扫清障碍、创造条件。

全国人大常委会认真贯彻落实党中央关于保障妇女权益的决策部署，积极回应社会关切，将修改妇女权益保障法列入常委会2021年度立法工作计划。2021年以来，社会建设委员会在全国妇联提交的建议稿基础上，通过向地方人大书面征求意见、召开专家座谈会、开展实地调研和委托地方调研等方式，充分研究论证，不断完善草案文本，在广泛听取、积极吸纳各方面意见建议的基础上，形成了《中华人民共和国妇女权益保障法（修订草案）》（以下简称《修订草案》）。

二、妇女权益保障法修改的指导思想和总体思路

（一）指导思想

以习近平新时代中国特色社会主义思想为指导，全面贯彻习近平总书记关于加强妇女工作、维护妇女合法权益重要讲话精神和党中央决策部署，坚持以人民为中心的发展思想，贯彻落实男女平等基本国策，着力完善相关制度机制和保障性法律措施，为促进男女平等和妇女全面发展提供坚实的法治保障。

（二）总体思路

一是立足国情实际，逐步健全与我国发展阶段相适应的妇女权益保障制度。近年来党和国家陆续出台了多个旨在加强妇女权益保障的规范性文件，各地在妇女权益保障工作中进行了积极探索，积累了丰富的实践经验。《修订草案》将适应妇女权益保障现实需要、实践证明行之有效、各方面认识比较一致的措施及时转化为法律规范，确保妇女平等分享发展成果。同时坚持尽力而为、量力而行原则，不盲目效仿西方国家的做法，对于争议较大或目前修改时机和条件尚不成熟的内容，不做出修订。

二是坚持问题导向，力争在解决妇女权益保障领域存在的突出问题上有所突破。妇女权益保障领域长期存在一些痛点、难点问题，直接关系妇女的切身利益和亿万家庭的幸福美满，影响社会和谐稳定。《修订草案》针对这些突出问题，致力于优化妇女发展环境，加强制度机制构建，在权利确认、预防性保障、侵害处置、救济措施、责任追究等方面进一步完善相关规定，消除不利于妇女发展的障碍，促进男女平等和妇女全面发展。

三是坚持系统观念，处理好与相关法律、法规和政策的衔接配合。妇女权益保障涉及宪法和民法典、刑法以及劳动、教育、社会保障、土地承包、基层政权建设、人口与计划生育、母婴保健、反家庭暴力等方面的法律法规。《修订草案》坚持本法作为妇女权益保障领域专门法的定位，注意处理好与其他法律法规的关系。对其他法律没有规定或者规定不够完善的，尽可能在本法中作出明确具体的规定；其他法律已有明确规定的，本法只做原则性、衔接性的规定；对于适宜通过制定行政法规或政策细化和解决的问题，在本法中只做原则性规定，避免挂一漏万。

四是尊重地区差异，为地方立法留下空间。在妇女权益保障领域，各地存在的突出问题不尽相同，经济社会发展水平能够支撑的保障程度也不尽相同，一些问题不宜在本法中做"一刀切"的规定。《修订草案》着眼于发挥地方立法灵活性大、针对性和集合性强的优势，对妇女权益保障中的某些问题，如高额彩礼等婚姻陋习，在本法中未做规定，留待地方立法予以规范。

三、妇女权益保障法修改的主要内容

现行妇女权益保障法共九章六十一条，《修订草案》修改四十八条、保留十二条、删除一条，新增二十四条，修改后共计九章八十六条。主要修改内容如下。

（一）关于总则部分

健全完善促进男女平等和妇女全面发展的制度机制，是保障妇女权益的基础性工作。《修订草案》增加了"歧视妇女"的含义、维护妇女权益的工作机制、司法机关的责任、法律政策性别平等评估机制、性别统计调查和发布制度、男女平等基本国策教育等新规定，并对其他条款作了调整和补充完善。

（二）关于妇女权益的保障

《修订草案》从六个方面进一步完善和加强了对妇

女权益的保障。

1. 在政治权利保障方面。增加了基层群众性自治组织和用人单位应当组织妇女参与相关协商议事活动、职工代表大会中女职工代表的比例应当与女职工所占比例相适应等新规定，强化了妇女联合会的新职能，进一步拓宽妇女参与国家和社会事务管理的途径。

2. 在文化教育权益保障方面。补充完善了保障适龄女性未成年人接受并完成义务教育的相关规定，明确政府采取措施，保障女性平等享有接受中高等教育的权利和机会。

3. 在劳动和社会保障权益方面。重点明确就业性别歧视的主要情形，完善消除就业性别歧视的机制，推广女职工特殊权益专项集体合同，建立企业性别平等报告制度，针对平台用工等新的就业形态明确规定应当参照适用本法的相关规定，增强新形势下对妇女就业的全方位保护。

4. 在财产权益保障方面。主要增加了对农村妇女土地及相关权益的保护措施，明确了基层人民政府对村民自治章程、村规民约以及涉及村民利益事项的决定中侵害妇女权益的内容予以纠正的责任，对城镇集体经济中的妇女权益保护做出了新规定。

5. 在人格权益保障方面。首先是将原第六章的章名"人身权利"修改为"人格权益"；其次是细化了对妇女生命健康权的保护措施，列举了性骚扰的常见情形并规定了学校和用人单位应当采取的预防和制止措施，扩大了人身安全保护令的适用范围，增加了建立妇女健康服务体系、提供妇女特殊生理期健康服务、建设满足妇女基本需要的设施、保护被性侵妇女的权益等新内容。

6. 在婚姻家庭权益保障方面。增加了鼓励婚前体检、建立婚姻家庭辅导服务制度等新规定；对民法典有关夫妻共同财产的规定进行了细化，增加了有关财产权属登记、离婚诉讼期间共同财产查询、离婚时家务劳动经济补偿等规定，加强对女方合法权益的保护。

（三）关于法律救济与法律责任

《修订草案》增加了各级妇儿工委可以发出督促处理意见书、加强全国统一的妇女维权服务热线建设、建立妇女权益保障检察公益诉讼制度、支持起诉制度等新救济途径，完善了妇女在农村集体经济权益受侵害时的救济途径，增加了实施就业性别歧视、未采取性骚扰预防制止措施的法律责任等，进一步细化、强化了法律救济和法律责任，增强了法律的刚性。

此外，《修订草案》还对部分条文做了文字修改。

《中华人民共和国妇女权益保障法（修订草案）》和以上说明是否妥当，请审议。

全国人民代表大会宪法和法律委员会关于《中华人民共和国妇女权益保障法（修订草案）》修改情况的汇报

全国人民代表大会常务委员会：

常委会第三十二次会议对妇女权益保障法修订草案进行了初次审议。会后，法制工作委员会将修订草案印发有关部门、地方和单位征求意见；在中国人大网公布修订草案全文，征求社会公众意见；委托上海虹桥街道基层立法联系点开展调研，并通过网络视频会议形式听取有关方面意见。梳理研究十三届全国人大五次会议期间全国人大代表提出的相关议案和建议。宪法和法律委员会于3月23日召开会议，根据常委会组成人员审议意见和各方面的意见，对修订草案进行了逐条审议。社会建设委员会、全国妇联有关负责同志列席了会议。4

月12日，宪法和法律委员会召开会议，再次进行了审议。现将妇女权益保障法修订草案主要问题的修改情况汇报如下：

一、有的常委委员提出，应当进一步突出对妇女人身权、人格权的保护，并建议对修订草案结构作适当调整完善。宪法和法律委员会经研究，建议将修订草案第六章前移作为第三章，将章名修改为"人身和人格权益"，并增加妇女的人格尊严不受侵犯等规定；将修订草案第八章"法律救济与法律责任"拆分为"救济措施"和"法律责任"两章。

二、修订草案第二条第四款规定，国家可以为实现男女平等而采取暂时性的特别措施。有的常委委员、单位提出，我国在保障妇女权益方面有较全面的制度和措施，"暂时性的特别措施"内容不明确，必要性不足，建议不作规定。宪法和法律委员会经研究，建议采纳这一意见。

三、修订草案第十七条第三款规定，妇女联合会及其团体会员向国家机关等方面推荐女干部，有关部门和单位应当重视其推荐意见。有的常委会组成人员、地方和社会公众提出，该规定与现行组织人事管理制度不一致，实践中也难以操作。宪法和法律委员会经研究，建议删除"有关部门和单位应当重视其推荐意见"。

四、有的常委会组成人员提出，最近有的地方揭露出的拐卖妇女等严重侵害妇女权益的恶性案件，暴露出基层治理存在一定短板，有必要建立报告与排查制度，及时发现和处理侵害妇女权益的违法犯罪行为。宪法和法律委员会经研究，建议增加规定："婚姻登记机关、乡镇人民政府、街道办事处、居民委员会、村民委员会及其工作人员在工作中发现妇女疑似被拐卖、绑架的，应当及时向公安机关报告，公安机关应当依法及时调查处理。""妇女联合会应当发挥其基层组织作用，会同公安等部门加强对拐卖、绑架等侵害妇女权益行为的排查，有关部门应当予以配合。发现妇女疑似被拐卖、绑架的，应当及时向公安机关报告，并协助有关部门做好解救工作。""住宿经营者应当及时准确登记住宿人员信息，健全住宿服务规章制度，加强安全保障措施；发现可能侵害妇女权益的违法犯罪行为，应当及时向公安机关报告。"同时，增加规定未履行报告义务的法律责任。

五、有的常委会组成人员、单位和地方提出，为有效预防学校发生对未成年女性的性骚扰、性侵害，应当规定入职查询制度。宪法和法律委员会经研究，建议增加规定："学校聘用教职员工或者引入志愿者、社会工作者等校外人员时，应当查询上述人员是否具有性侵害、性骚扰等违法犯罪记录；发现其具有上述记录的，不得录用或者引入。"

六、修订草案第五十四条规定，妇女因遭受性侵害因故不适合终止妊娠而生育子女的，可以不担任监护人,有权单方决定送养子女;无人收养的,由民政部门担任监护人。有的单位和地方提出,该规定与民法典关于监护、送养的规定不一致,对保护未成年人合法权益容易造成不利影响,建议不作规定。宪法和法律委员会经研究,建议采纳这一意见。

七、有的常委委员和单位提出,应当进一步完善相关制度,促进国家生育政策的落实。宪法和法律委员会经研究,建议增加规定,国家建立健全职工生育休假制度,保障孕产期女职工依法享有休息休假权益。用人单位不得因结婚、怀孕、产假、哺乳等情形,限制女职工晋职、晋级、评聘专业技术职称和职务。

此外,还对修订草案作了一些文字修改。

修订草案二次审议稿已按上述意见作了修改,宪法和法律委员会建议提请本次常委会会议继续审议。

修订草案二次审议稿和以上汇报是否妥当,请审议。

全国人民代表大会宪法和法律委员会
2022 年 4 月 18 日

全国人民代表大会宪法和法律委员会关于《中华人民共和国妇女权益保障法（修订草案）》审议结果的报告

全国人民代表大会常务委员会：

常委会第三十四次会议对妇女权益保障法修订草案进行了二次审议。会后，法制工作委员会在中国人大网公布修订草案二次审议稿全文，征求社会公众意见；通过三十一个基层立法联系点征求基层群众意见；听取全国妇联等有关方面的意见。宪法和法律委员会、法制工作委员会先后到青海、宁夏和黑龙江调研，听取地方有关部门、妇联、全国人大代表等的意见。宪法和法律委员会于9月14日召开会议，根据委员长会议精神、常委会组成人员审议意见和各方面的意见，对修订草案进行了逐条审议。社会建设委员会、公安部、民政部、人力资源和社会保障部、全国妇联有关负责同志列席了会议。10月14日，宪法和法律委员会召开会议，再次进行了审议。宪法和法律委员会认为，修订草案经过两次审议修改，已经比较成熟。同时，提出以下主要修改意见：

一、有的常委委员和单位建议，在修订草案二次审议稿第二条第二款中增加促进男女平等的规定。宪法和法律委员会经研究，建议将该款修改为："国家采取必要措施，促进男女平等，消除对妇女一切形式的歧视，禁止排斥、限制妇女依法享有和行使各项权益。"

二、有的常委委员和单位提出，修订草案删除了现行法第六条第一款关于各级人民政府应当重视和加强妇女权益的保障工作的规定，不利于压实政府责任，建议予以恢复。宪法和法律委员会经研究，建议采纳这一意见。

三、有的常委会组成人员和单位提出，修订草案二次审议稿中有的内容属于妇女工作和妇联工作的具体事项；有的内容其他法律已作明确规定；有的内容应当考虑到社会生活比较复杂、实际情况千差万别，法律不宜作过细规定，可在司法实践中具体把握，建议进一步简化有关规定，突出解决一般性、普遍性问题。宪法和法律委员会经研究，建议采纳这一意见，对有关规定进行修改精简。

四、有的常委委员提出，一些媒体在进行报道时违反法律法规公开当事人隐私和个人信息，甚至进行与事实不符的宣传报道，侵害妇女的隐私权、名誉权等人格权益，对此应当加强规范。宪法和法律委员会经研究，建议增加规定："媒体报道涉及妇女事件应当客观、适度，不得通过夸大事实、过度渲染等方式侵害妇女的人格权益。"

五、修订草案二次审议稿第五十五条对保障困难妇女权益作了规定。宪法和法律委员会经研究，建议全面贯彻落实习近平总书记关于保障贫困妇女、老龄妇女、残疾妇女等困难群体的重要讲话精神，将该条修改为："各级人民政府和有关部门应当采取必要措施，加强贫困妇女、老龄妇女、残疾妇女等困难妇女的权益保障，按照有关规定为其提供生活帮扶、就业创业支持等关爱服务。"

六、修订草案二次审议稿第七十八条规定："用人单位侵害女职工劳动和社会保障权益的，工会、妇女联合会有权依法进行监督并要求其限期纠正。"有的常委会组成人员、单位和地方建议，根据实际做法，明确人力资源和社会保障部门可以联合工会、妇女联合会约谈用人单位。宪法和法律委员会经研究，建议修改为："用人单位侵害妇女劳动和社会保障权益的，人力资源和社会保障部门可以联合工会、妇女联合会约谈用人单位，依法进行监督并要求其限期纠正。"

此外，还对修订草案二次审议稿作了一些文字修改。

9月28日，法制工作委员会召开会议，邀请部分全国人大代表、专家学者和地方有关单位、妇联、学校以及企业等方面的代表，就修订草案中主要制度规范的可行性、出台时机、实施的社会效果和可能出现的问题等进行评估。与会人员普遍认为，修订草案贯彻落实党中央有关精神，对妇女权益保障相关制度作出系统规定，修订草案经过两次审议修改，充分吸收了各方面意见，主要制度设计符合实际，已经比较成熟，现在出台是必要的、可行的。同时，还对修订草案提出了一些具体修改意见，宪法和法律委员会对有的意见予以采纳。

修订草案三次审议稿已按上述意见作了修改，宪法和法律委员会建议提请本次常委会会议审议通过。

修订草案三次审议稿和以上报告是否妥当，请审议。

全国人民代表大会宪法和法律委员会
2022年10月27日

全国人民代表大会宪法和法律委员会关于《中华人民共和国妇女权益保障法(修订草案三次审议稿)》修改意见的报告

全国人民代表大会常务委员会：

本次常委会会议于 10 月 27 日下午对妇女权益保障法修订草案三次审议稿进行了分组审议。普遍认为，修订草案已经比较成熟，建议进一步修改后，提请本次常委会会议表决通过。同时，有些常委会组成人员和列席人员还提出了一些修改意见。宪法和法律委员会于 10 月 28 日下午召开会议，逐条研究了常委会组成人员的审议意见，对修订草案进行了审议。社会建设委员会、全国妇联有关负责同志列席了会议。宪法和法律委员会认为，修订草案是可行的，同时，提出以下修改意见：

一、有的常委委员提出，各级妇联组织是广大妇女的"娘家人",对于防止拐卖、绑架妇女和解救被拐卖、绑架的妇女,应当发挥应有作用,现行妇女权益保障法相关规定有这方面的要求,建议本次修订法律时予以保留。宪法和法律委员会经研究,建议在三次审议稿第二十二条第二款中增加"妇女联合会协助和配合做好有关工作"一句。

二、三次审议稿第二十四条第二款规定,对性侵害、性骚扰女学生的违法犯罪行为,学校不得隐瞒,应当及时通知受害女学生的父母或者其他监护人。有的常委委员提出,遭受性侵害、性骚扰的女学生也有成年人,只有未成年女学生才需要通知其父母或者其他监护人。宪法和法律委员会经研究,建议采纳这一意见,对相关规定作出修改。

三、三次审议稿第三十一条第三款对用人单位定期为女职工安排疾病健康检查作了规定。有的常委委员提出,为了更好保护女职工身体健康,建议适当扩大健康检查范围。宪法和法律委员会经研究,建议将该款规定修改为:"用人单位应当定期为女职工安排妇科疾病、乳腺疾病检查以及妇女特殊需要的其他健康检查。"

常委会组成人员还提出了一些修改意见。宪法和法律委员会研究认为,有的宜在实践中具体把握,有的在修改过程中已经反复研究,有的在有关法律和国家有关文件中已经作出规定,修订草案以不再作进一步修改为宜。

经与有关方面研究，建议将修订后的妇女权益保障法的施行时间确定为 2023 年 1 月 1 日。

此外，根据常委会组成人员的审议意见，还对修订草案三次审议稿作了一些文字修改。

修订草案修改稿已按上述意见作了修改，宪法和法律委员会建议本次常委会会议审议通过。

修订草案修改稿和以上报告是否妥当，请审议。

全国人民代表大会宪法和法律委员会
2022 年 10 月 29 日